Lb H6
 151
  A

COUP-D'OEIL

SUR L'ACTE ADDITIONNEL

AUX

CONSTITUTIONS DE L'EMPIRE,

DONNÉ A PARIS, LE 22 AVRIL 1815,

SIGNÉ NAPOLÉON;

Précédé d'un avertissement et d'une lettre écrite le 5 juin 1814, à MM. Dambray, Montesquiou, Blacas d'Aulps, etc. etc., et terminé par une apostrophe respectueuse adressée à l'Empereur des Français,

PAR C. M. ROUYER, Ancien jurisconsulte.

> « Vouloir que les citoyens soient échauffés de
> « l'amour de la patrie, et qu'ils voient en silence
> « les malheurs qu'occasionne une *mauvaise* lé-
> « gislation, ou qu'elle doit nécessairement occa-
> « sionner tôt ou tard, c'est exiger d'un avare qu'il
> « ne crie pas au voleur, lorsqu'on lui enlève sa
> « cassette. »
>
> HELVÉTIUS.

A PARIS,

Chez l'Auteur, en s'adressant au portier, rue de Sèvres, n° 113.

24 AVIL 1815.

AVERTISSEMENT.

Pour lire avec quelqu'intérêt la lettre que nous allons rapporter, il est essentiel de ne pas perdre de vue, 1° que nous l'avons faite et rédigée le 4 juin 1814, c'est-à-dire le jour même où MM. Dambray, Montesquiou, Blacas d'Aulps, etc. etc. sont parvenus à forcer Louis XVIII de « faire concession et octroi « à ses sujets d'une charte constitutionnelle (*a*), » au mépris et contre son *expresse* (*b*) volonté; 2° que c'est le lendemain de l'enregistrement et de la publication de cette inqualifiable *charte*, qui a surpris et révolté toute la France, à si juste titre, que nous avons adressé à ces Messieurs, l'Epître dont il s'agit; 3° qu'avant de la mettre à la poste, nous en avons fait lecture à deux publicistes on ne peut pas plus recommandables, et qui l'ont approuvée en son entier; 4° enfin que si nous ne l'avons pas fait imprimer le même jour que celui où nous l'avons jetée dans la boëte, c'est parce que M. P........, ancien magistrat, allié de M. Ferrand, et dont je suis l'ami depuis près d'un demi-siècle, s'est trouvé, par l'effet du hasard, chez notre imprimeur, au moment où nous lui remettions notre manuscrit, et qu'il nous a prié, avec les plus vives instances, de ne lui donner aucune publicité. Ah! pourquoi faut-il que nous nous soyions rendu à ses vœux! C'est un reproche que nous nous ferons jusqu'à la fin de nos jours, parce qu'en bonne morale comme en saine politique, on ne doit jamais se permettre de trahir les grands intérêts de la patrie, de la justice et de la vérité, sous aucun prétexte, ni par quelque motif de considération que ce soit.

(*a*) Ordonnance royale du 4 juin 1814.
(*b*) Déclarations des 1er janvier et 3 mai 1814.

COPIE

DE LA LETTRE ÉCRITE LE 5 JUIN 1814,

A Mrs DAMBRAY, MONTESQUIOU, BLACAS D'AULPS, etc.

MESSIEURS,

La lecture que je viens de faire à la hâte de l'ordonnance royale du 4 juin, m'a suggéré quelques réflexions qui peut-être auront le malheur de vous déplaire, du moins en partie, mais dont je ne puis me dispenser de vous faire part le plus laconiquement qu'il me sera possible.

La première est qu'en général les articles 1, 2, 3, 4, 5, 6, 7, 8, 9, 10, 11, 12, 13, 27, 28, 29, 30, 34, 36, 37, 38, 49, 51, 52, 54, 55, 56, 59, 60, 61, 62, 63, 64, 65, 66, 67, 68, 69, 70, 71, 72, 73, 74 et 76 de cette *ordonnance*, composée de 76 articles, sont assez sages ; mais que je ne puis concevoir comment vous avez pu vous résoudre à les faire précéder de cette formule *gothique*, *amphigourique* et *asiatique* : « A ces « causes, nous avons librement, volontairement « et par le libre exercice de notre volonté royale, « accordé et accordons, fait concession et oc- « troi à nos sujets, tant pour eux que pour nos

« successeurs et à toujours, de la charte consti-
« tutionnelle qui suit. »

La seconde, que les autres articles 14, 15, 16, 17, 18, 19, 20, 21, 22, 24, 25, 26, 27, 31, 32, 33, 35, 40, 41, 42, 43, 44, 45, 46, 47, 48, 50, 53, 57, 58 et 70, au nombre de 32, n'offrent, en dernier résultat, qu'une répétition allongée et malheureusement trop fidèle des articles 5, 6, 9, 10 et 19 du projet constitutionnel, que le 5 avril 1814, sur les neuf heures du soir, M. l'abbé Talleyrand s'était permis d'apporter au sénat, en disant, avec la candeur qui le caractérise et la bonne foi qui le distingue : « Il faut que vous
« décrétiez, sous le plus bref délai, le *projet* de
« la nouvelle constitution que je dépose sur
« votre bureau, attendu que le moindre retard
« occasionnerait infailliblement la guerre ci-
« vile; » *projet* dont, par sa déclaration libérale et vraiment populaire du 3 mai, Louis XVIII avait expressément improuvé « un grand nombre d'articles; » *projet* enfin qui, de l'extrémité de la France à l'autre, a tellement excité le mépris et l'indignation publiques, que des exemplaires en ont été brûlés dans le midi, à Bordeaux en plein théâtre, et à Nantes par la main du bourreau.

La troisième et dernière, est que, dans les trente-deux articles dont il s'agit, et qui sont évidemment votre ouvrage ou celui de M. Talleyrand, il n'y a pas un seul mot, pour ainsi dire, qui ne forme un contraste on ne peut pas plus choquant, soit avec les conseils infiniment sages que l'empereur Alexandre avait donnés au sénat et au Corps législatif, les 30 mars et 2 avril 1814; soit avec les principes libéraux et avoués par la nation, que le 14 du même mois d'avril, *Monsieur,* comte d'Artois, avait eu le bon esprit ou l'adresse de proclamer solennellement; soit enfin avec les lois, les mœurs et les usages du peuple français, qui a toujours chéri la liberté, qu'aujourd'hui sur-tout on s'efforcerait en vain de lui ravir.

Une vérité de la plus haute importance, que Louis XVIII avait parfaitement sentie, et à laquelle il s'est fait un vrai plaisir de rendre hommage dans sa déclaration du 3 mai, c'est que le seul rempart inexpugnable de la royauté ne consiste, pour nous servir de ses propres termes, que dans « une constitution *libérale* et sa- « gement combinée, » c'est à-dire dans un pacte social qui, en traçant les justes et *sages* limites dans lesquelles doit rester chacun des pouvoirs établis, protège efficacement les intérêts des gouvernés contre l'insouciance, l'ambition et le despotisme des gouvernans.

Cette constitution sur laquelle devaient compter, à tous égards, ces braves et généreux Français trop confians et trop crédules, en jouissent-ils aujourd'hui ? hélas ! non sans doute, puisqu'il existe trente-deux articles dans l'ordonnance royale qui, loin d'*assurer toutes les existences, de garantir notre avenir* et d'être *en rapport avec les lumières actuelles,* ainsi que l'empereur Alexandre, M. le comte d'Artois et Louis-Stanislas-Xavier, son auguste frère, l'avaient solennellement promis, ne tendent, au contraire, comme je vous le démontrerai bientôt, qu'à introduire l'anarchie la plus complète, consolider le despotisme le plus absolu, et exposer *nécessairement* TÔT OU TARD la nation aux effroyables catastrophes dont, pendant vingt-trois ans, elle n'a cessé un seul jour pour ainsi dire d'éprouver les horreurs.

Certes, je désire bien ardemment, Messieurs, et dans toute la sincérité de mon ame, que mon affligeante prédiction ne soit qu'une fausse prophétie; mais, de bonne foi, comment pouvoir l'espérer, lorsque l'on considère, d'après les trente-deux articles qu'il m'est impossible de vous pardonner, que le monarque a l'initiative de toutes les lois, et qu'il peut les annihiler même après qu'elles ont été approuvées par les deux chambres (art. 15, 16 et 22); lorsque l'on considère que le monarque a le droit de convoquer ces deux chambres, de les proroger, et même de les dissoudre s'il lui en prend fantaisie, pour ses menus plaisirs (art. 50); lorsque l'on considère qu'au titre de législateur (qui, en saine politique, est tout-à-fait incompatible avec les fonctions du pouvoir exécutif), le monarque réunit encore la faculté honteuse et avilissante pour une nation, de nommer les pairs de France, les présidens des colléges électoraux, le président de la chambre des députés, les juges et tous les fonctionnaires publics généralement quelconques de l'Etat (art. 29, 41, 43 et 58); lorsque l'on considère que le monarque est encore le maître absolu, et sans en déférer aux deux autres corps de l'Etat, de déclarer la guerre, faire des traités de paix, d'alliance et de commerce, de commander les forces de terre et de mer, et de faire les règlemens et ordonnances nécessaires pour l'exécution des lois et la sûreté du royaume (art. 14); lorsque l'on considère enfin que ces neufs seuls articles accumulent, agglomèrent et entassent sur la personne inviolable, auguste et sacrée du monarque, des pouvoirs non moins abusifs et révoltans que ceux dont, pendant une quinzaine d'années ou environ, et toujours *par le libre exercice de sa volonté* consulaire ou impériale, Buonaparte s'était fait *concession* et *octroi* à lui-même, et sous le poids desquels il a fini par être écrasé lui (1), son empire et ses premiers esclaves, c'est-à-dire tous ces grands dignitaires qui avaient poussé la bassesse jusqu'à lui dire à peu près en ces termes, au retour de son imprudente expédi-

tion de Moscou : « *Sire*, c'est en vain que les
« élémens ont essayé de vous être contraires ; un
« génie bienfaisant, un dieu tutélaire tel que
« vous saura bien leur dicter des lois et les sou-
« mettre à son empire. *Sire*, le sénat n'est autre
« chose qu'une machine dont il n'appartient qu'à
« votre majesté de faire mouvoir les ressorts.
« *Sire*.... » Mais ma plume se refuse de rappeler
au souvenir de vos excellences, des infâmies de
cette espèce. Ah ! Messieurs, répondez-moi, je
vous en conjure ; n'y a-t-il pas de quoi rougir
d'être Français, quand on réfléchit que ce sont
des hommes titrés, des millionnaires, des membres de l'Institut, des *Français*, en un mot, on
ne peut pas plus recommandables sous les rapports de l'éloquence, de l'érudition et même du
génie, qui ont été capables de s'avilir et de dé-
grader leurs corps, jusqu'à se permettre d'haran-
guer, en leurs noms, le premier chef de l'Etat,
dans des termes dont auraient rougi de se servir
les conseillers d'Etat et les sénateurs de l'empire
romain qui, sous l'exécrable tyrannie des Tibère,
des Néron et des Caracalla, passaient pour être
les plus vils et les plus *déhontés* des hommes. Mais
revenons à vous, Messieurs, et daignez excuser,
je vous prie, cette petite digression, dans laquelle l'importance de mon sujet m'a entraîné
involontairement et malgré moi, pour ainsi dire.

Il est, Messieurs, un dilemme infiniment simple

que je vais avoir l'honneur de proposer à vos Seigneuries, et auquel je les prie instamment de vouloir bien me faire la grâce de répondre : Ou vous êtes profondément versés dans les matières relatives à l'économie publique, ou vous n'avez que des notions vagues et superficielles sur des sujets qui importent aussi essentiellement au bonheur des peuples et des Rois.

Dans le premier cas, je vous avouerai, Messieurs, dussé-je avoir le malheur de vous déplaire, que vous êtes inexcusables, et même criminels, de vous être mis l'esprit à la torture, ou d'avoir emprunté celui de M. Tallayrand, pour inventer et forger trente-deux articles, qui ne tendent, je vous le répète, qu'à faire le malheur, la honte et l'opprobre de la nation française, et à rayer pour jamais Louis-Stanilas-Xavier du catalogue de nos Rois *légitimes*.

Au second cas, c'est-à-dire, si vous ne vous sentiez pas assez de talent pour embrasser l'ensemble et les détails d'une Constitution, alors il me semble que vous auriez dû dire au Roi, qui vous en aurait su gré : « Sire, votre majesté
« nous a fait beaucoup d'honneur en nous char-
« geant de rédiger la nouvelle Constitution
« qu'elle va donner à ses *sujets* ; mais la gloire,
« vous le savez, Sire, n'est un bien qu'autant
« qu'on en est digne ; et nous avouons ingénu-
« ment à votre majesté, que nous n'avons aucuns

« droits d'y prétendre, à raison de notre peu de
« connaissances en législation et en politique :
« veuillez donc, Sire, nous vous en supplions,
« avoir recours aux publicistes de votre royaume,
« mille et mille fois plus en état que nous, de
« remplir les intentions de votre majesté et de
« répondre à son attente. »

Voilà, Messieurs, si je ne me trompe, voilà ce que vous auriez dû dire à ce bon Roi, dont vous semblez vous faire un jeu de surprendre journellement la religion et de hâter la chute; mais enfin, puisque vous n'avez été ni assez modestes ni assez équitables pour lui tenir un pareil langage, et que vous êtes obligés de convenir que le 3 du mois précédent, Louis-Stanilas-Xavier avait promis, dans les termes les moins équivoques, d'ADMETTRE et d'ADOPTER *une Constitution LIBÉRALE, sagement combinée, et qui pût CONVENIR à la nation française;* il me semble que, pour vous réconcilier avec elle, si toutefois il est possible, et sur-tout avec votre propre conscience, vous devriez, dès aujourd'hui, mettre sous les yeux du Roi la lettre que j'ai l'honneur de vous écrire, et y joindre, en même temps, celle que le 25 mai j'ai adressée à M. Blacas d'Aulps, en lui envoyant des exemplaires de toutes les petites brochures que j'avais publiées jusqu'à ce jour.

Puisse, Messieurs, cet auguste et bienfaisant

Monarque, après en avoir pris lecture, être bien convaincu que le plus grand malheur qui puisse arriver à un Roi, est de donner aveuglément sa confiance à des individus pleins d'orgueil et pétris de défaut, dont l'égoïsme, l'immoralité et la déflagration de tous les vices se trouvent ordinairement en harmonie parfaite avec les hautes dignités dont ils sont revêtus, les richesses immenses qu'ils ont spoliées, et les débauches honteuses auxquelles ils ne rougissent pas de se livrer encore de nos jours, avec un cynisme scandaleux et révoltant! puisse-t-il être bien convaincu que les vertus ne sont pas des chimères, ni la conscience un mot, et que la morale d'un citoyen ignoré, jouissant d'une fortune médiocre, et vraiment homme de bien, est quelquefois aussi, et presque toujours, la meilleure politique des Etats! puisse-t-il enfin être bien convaincu qu'il importe non seulement au bonheur des vingt-cinq millions de Français qui font l'unique objet de sa sollicitude paternelle (a), mais encore à sa propre gloire, de publier et promulguer, dès aujourd'hui, une nouvelle ordonnance royale abrogatoire de celle d'hier, par laquelle cet auguste et bon Monarque déclarera expressément à la nation qu'il a chargé

(a) *Voyez* sa déclaration admirable, philantropique et paternelle du 9 mai 1814.

MM. G......, C....., V....., D.........., L......., L............, B....., D......., F...., L....., D......
et autres savans ou publicistes non moins célèbres, de travailler, sous le plus bref délai, à un nouveau projet de Constitution, qui puisse réaliser les promesses que, depuis vingt-trois ans, on n'a cessé de nous faire; d'atteindre le but que nous nous sommes proposé dans plusieurs de nos brochures (a), et de consacrer *réellement* enfin tous les droits, tracer tous les devoirs, assurer toutes les existences, garantir notre avenir, enchaîner le despotisme, étouffer l'anarchie, mettre un frein au luxe, épurer les mœurs, récompenser le mérite, honorer la vertu, faire le bonheur du peuple, assurer celui du Monarque, et lui garantir à jamais, ainsi qu'à ses successeurs, le respect, la reconnaissance et l'amour de la nation !

Je suis avec un profond respect,

    Messieurs,

        De vos Excellences,

Le très-humble et très-obéissant concitoyen,

ROUYER,

Ancien avocat au Parlement,
rue de Sèvres, n° 113.

Paris, 5 juin 1814.

(a) Voyez *Lettre en réponse à des questions sur le droit naturel, le droit public et le droit des gens; Observations sur le projet de la nouvelle Constitution décrétée le 6 avril 1814; Bréviaire à l'usage de tous les peuples; Questions à l'ordre du jour,* etc. etc.

COUP-D'OEIL

SUR L'ACTE ADDITIONNEL

AUX

CONSTITUTIONS DE L'EMPIRE.

―――――

« On le peut, je l'essaie, un plus savant le fasse. »
LA FONTAINE.

Nous avons publié, le 15 de ce mois, une de ces petites feuilles *éparses comme celles des Sybilles* (a), intitulée : *Questions à l'ordre du jour*, dans laquelle, après avoir *essayé* de poser les fondemens d'une Constitution *vraiment* libérale, et nous être plaint de ce que, depuis vingt-trois ans, on n'avait eu aucun égard aux ouvrages bons, mauvais ou médiocres que nous avions mis au jour, pendant cet espace de temps, nous avons prédit en ces termes, l'évènement trop remarquable qui vient d'avoir lieu le 22 de ce mois :
« Serions-nous assez heureux aujourd'hui pour
« être entendus, et ne plus *prêcher dans le*

―――――

(a) *Voyez* le Discours sur *l'esclavage* de la presse, qu'a prononcé au palais du Corps législatif, M. l'abbé de Montesquiou, ex-ministre des relations extérieures.

« *désert?* » disions-nous sept jours avant la promulgation de l'*acte additionnel aux Constitutions de l'Empire*, *donné à Paris le* 22 *avril* 1815, *signé* Napoléon. « Hélas ! (ajoutions-nous à cette
« époque, en vrai *prophète de malheur*) c'est ce
« que nous désirons bien ardemment; mais ce
« que nous n'osons espérer, lorsqu'on considère
« que le 19 brumaire an 8, les représentans de la
« nation avaient promis de consolider, garantir
« inviolablement *la souveraineté du peuple, la
« division des pouvoirs, la liberté, l'égalité*, et
« qu'ils n'en ont rien fait; lorsque l'on considère
« qu'à leur exemple, Monsieur le comte d'Artois
« et Louis-Stanislas-Xavier avaient également
« promis, les 14 avril et 3 mai 1814, d'*admettre*
« et d'*adopter* une Constitution *libérale*, et
« qu'un mois après, ils ont au contraire fait
« *concession* et *octroi* d'une charte vraiment
« anarchique et déplorable, à tous égards ; lors-
« que l'on considère enfin, que certaines gens
« qui se disent bien informées, assurent que
« Buonaparte *veut* conserver encore cette impo-
« litique et funeste *proposition* de la loi qui,
« pendant quinze ans, a fait le malheur de la
« France et le sien. »

D'après ces motifs de considération, fondés en très-grande partie sur les lois les plus authentiques, on conçoit aisément que nous avons dû être plus affligés que surpris, lorsqu'aujourd'hui, 23 avril, sur les sept heures du soir ou environ, étant au jardin du Luxembourg, notre promenade favorite, nous sommes enfin parvenus à pouvoir jeter un coup-d'œil à la dérobée, et comme par grâce, en quelque sorte, sur le Moniteur qu'on s'arrachait, et où nous avons distingué, tant bien que mal, que l'*acte additionnel* dont il s'agit, est composé de 67 articles.

Autant qu'il nous a été possible de juger de cet *acte additionnel* par une lecture aussi rapide que celle que nous en avons faite, les articles 7, 8, 10, 11, 12, 13, 14, 15, 16, 26, 27, 28, 29, 30, 31, 32, 33, 38, 39, 40, 41, 42, 43, 44, 45, 46, 47, 48, 49, 50, 52, 53, 54, 55, 56, 57, 58, 59, 60, 61, 62, 63, 64, 65, 66 et 67 nous ont paru aussi sages que les articles 1, 2, 3, 4, 5, 6, 9, 17, 18, 19, 20, 21, 22, 23, 24, 25, 34, 35, 36, 37, 51 et 58, sont impolitiques ou irréfléchis. Hâtons-nous d'en donner la preuve.

PRÉAMBULE

de l'acte additionnel aux constitutions de l'Empire.

« Napoléon, etc., depuis que nous avons été appelé il y a quinze ans, etc. etc. etc. »

Observations. Il n'y a pas un seul mot dans le

préambule dont il s'agit, qui ne soit marqué au coin de la précision, de la clarté, de la sagesse et du génie; mais pourquoi les soixante-sept articles qui le suivent immédiatement ne s'expliquent-ils en aucune manière, ni sur les devoirs du citoyen, ni sur l'instruction publique, ni sur la force armée, ni sur les relations extérieures, ni sur le trésor public, ni sur les cas de régence et de minorité, ni sur l'unité monétaire, ni sur l'uniformité des poids et mesures, ni sur le commerce, ni sur l'industrie, ni sur l'agriculture, ni sur la division des pouvoirs, ni sur les attributions du pouvoir exécutif, ni sur une infinité d'autres objets non moins importans et qui, certes, méritaient bien de trouver place dans l'*acte additionnel aux constitutions de l'Empire?*

ARTICLE PREMIER. « Les constitutions de l'Empire, nommément l'acte constitutionnel du 22 frimaire an 8, les sénatus-consultes des 14 et 16 thermidor an 10, et celui du 28 floréal an 12, seront modifiés par les dispositions qui suivent ; toutes les autres dispositions sont confirmées et maintenues. »

Observations. La majeure partie des sénatus-consultes et des décrets qui ont été rendus depuis 1802 jusqu'au 30 mars 1814, et qu'il a plu jadis à MM. les conseillers d'état de qualifier de lois *organiques*, ayant contribué, en très-grande partie, aux malheurs de la France, il nous semble que Messieurs les rédacteurs de l'acte constitutionnel, au lieu de se servir du participe adjectif *modifiés*, auraient dû lui substituer le participe adjectif *abrogés*, qui certes nous aurait rassurés davantage et eût été bien mieux adapté.

ART. 2. « Le pouvoir législatif est exercé par « l'Empereur et par deux Chambres. »

Observations. Cet article, dont le dispositif est exactement et trop malheureusement calqué sur l'article 5 du projet de Constitution décrété par le Sénat, le 6 avril 1814, et sur les articles 15 et 16 de la charte ou ordonnance royale, rendue le 4 juin 1814, par Louis-Stanislas-Xavier, est déplorable, en ce qu'il attribue au pouvoir exécutif le droit de concourir à la redaction des lois, tandis qu'en sa qualité de premier citoyen, ou si l'on veut de chef suprême de l'Etat, ses fonctions doivent se borner à les promulguer et à en surveiller l'exécution.

Quant aux *deux Chambres* établies par cet article, rien de mieux sans doute; mais que celle des pairs *exerce le pouvoir législatif avec l'empereur,* c'est-à-dire avec le pouvoir exécutif ou chef suprême de l'Etat, oh! certes rien de plus impolitique, nous le répétons, de plus vicieux, et d'une plus dangereuse conséquence.

En effet, il est une vérité constante en législation et en politique, comme en morale et en physique, et à laquelle il est bien malheureux que les rédacteurs de l'acte additionnel n'aient pas jugé à propos de rendre hommage; c'est que l'institution de trois magistratures qui exercent le même pouvoir, est incontestablement et toujours, au respect des Etats, ce que le souffle de trois vents est à l'égard des mers. Comme le malheureux et funeste concours de ces vents soulève les flots et occasionne les tempêtes, de même le *concours* de trois autorités suprêmes qui exercent *collectivement* le même pouvoir, produit le désordre, enfante les révolutions, et renverse les Empires, en y introduisant tôt ou tard, et de toute nécessité, l'*anarchie* ou le *despotisme,* ainsi que l'a très-judicieusement remarqué l'auteur de l'*Esprit des lois,* et que l'expérience n'a cessé de nous en convaincre depuis vingt-trois ans ou environ.

ART. 3. « La première Chambre, nommée « *Chambre des pairs,* est HÉRÉDITAIRE. »

Observations. Plus nous avons réfléchi sur cet article, moins nous avons pu concevoir comment une Chambre était *héréditaire,* ni même attributive d'aucune sorte d'hérédité. En serait-il donc par hasard, d'une *Chambre,* comme des vertus et du génie dont nous voyons les enfans hériter quelquefois de leurs pères ?

ART. 4. L'Empereur nomme les membres de cette Chambre, etc.

Observations. Si messieurs les rédacteurs de l'*Acte additionnel* s'étaient rappelés que l'Empereur Napoléon a très-expressément et très-solennellement promis depuis peu et à plusieurs reprises différentes, que « les lois de l'Assem-« blée constituante seraient remises en vigueur »; certes la lecture des articles 4, 5, 9, 18, 21, 22, 23, 24, 25, 26, 29, 36 et 51 relatifs tant à l'initiative et au concours de la loi, qu'aux nominations de quelque place que ce puisse être, ne nous aurait pas aussi affligé qu'elle nous a surpris ; mais ce qui doit nous consoler, ainsi que tous les Français, c'est que le premier chef de l'Etat ne sera certainement ni assez injuste ni assez parjure à lui-même, pour ravir au peuple français ses droits inaliénables, imprescriptibles et sacrés ; et que, conformément à la constitution de 1791, qu'il a expressément promis de *remettre en vigueur,* on doit être bien convaincu que non-seulement il aura assez d'estime pour la nation française, mais encore qu'il entendra assez bien ses propres intérêts, soit pour ne participer directement ni indirectement à la rédaction d'*aucune* loi, soit pour consentir et vouloir que la nation nomme à toutes les places généralement quelconques de l'Empire (même à celles de conseillers d'état), mais à l'exception toutefois de celles de ministres, d'ambassadeurs, de généraux et d'agens en chef du trésor public, auxquelles le pouvoir exécutif a incontestablement le droit exclusif d'appeler les citoyens qu'il juge les plus dignes de sa confiance.

ART. 5. « La Chambre des pairs est présidée « par l'archi-chancelier de l'Empire. »

Observations. Que monseigneur l'archi-chancelier *préside* les cours supérieures et inférieures de judicature, sa place lui en donne incontestablement le droit; mais autoriser constitutionnellement ce chef suprême de la magistrature, à *présider* les représentans de la nation, ne serait-ce pas proclamer solennellement que des hommes élevés par leurs concitoyens à la première place de l'état, par leurs vertus ou leur génie, ne peuvent avoir ni assez de lumières, ni même assez de raison pour se choisir un *président?*

ART. 6. « Les membres de la famille impériale, « dans l'ordre de l'hérédité, sont pairs de droit. »

Observations. Les services éminens qu'a rendus le premier chef de l'état au 18 brumaire an 8, et ceux que nous sommes autorisés à en attendre encore, si toutefois il réalise ses promesses, nous déterminent à faire fléchir nos principes, et à trouver bon que les *membres de sa famille, dans l'ordre de l'hérédité,* soient pairs de droit; mais sous les réserves très-expresses d'être le premier à provoquer un jour, l'abrogation pleine et entière de l'article dont il s'agit, si, par impossible et contre l'attente de tous les Français, Napoléon venait à oublier ses promesses, ou ne jugeait plus à propos de tenir sa parole.

ART. 17, 18 et 19. « La qualité de pair et de re-
« présentant est compatible avec toutes les fonc-
« tions publiques, hors celles de comptables.
« Toutefois les préfets, sous-préfets ne sont pas
« éligibles par le collége électoral du départe-
« ment ou de l'arrondissement qu'ils adminis-
« trent. »

Observations. Le pouvoir exécutif est bien le maître assurément de proposer à un député ou à un pair de France, d'être ministre, ambassadeur, général des armées et agent en chef du trésor public; mais tout député ou pair de France qui, dans ce cas, préfère l'*honneur* d'être nommé par le pouvoir exécutif à *la gloire* de l'avoir été par le souverain, c'est-à-dire, par les assemblées primaires cantonales et électorales de son arrondissement, ne peut ni ne doit plus, *à tous égards,* continuer l'exercice de ses honorables fonctions de pair de France ou de député.

Relativement aux préfets et sous-préfets, nul doute qu'ils sont ou *doivent* être éligibles par les colléges électoraux de leurs départemens, ainsi que tous les autres fonctionnaires publics de l'Empire, comme nous l'avons précédemment établi, et qu'il est facile de s'en convaincre, d'après les lois de l'Assemblée constituante que l'Empereur Napoléon a promis d'adopter, et qui certes sont aussi belles et aussi parfaites que les sénatus-consultes *organiques* publiés depuis 1802 jusqu'en 1814, sont, en général, abusifs et liberticides.

ART. 20. « Les séances des deux Chambres « sont publiques ; elles peuvent néanmoins se « former en comité secret, etc., etc., etc. »

Observations. La vérité, l'expérience et l'honneur national nous disent de concert, que les mandataires d'un peuple libre ne peuvent et ne doivent avoir de *secret* pour leurs commettans que dans les seuls cas que voici : Le premier est lorsqu'il s'agit de pourvoir aux subsistances de première nécessité, telles que le bled, parce que personne n'ignore que la faim d'opinion, c'est-à-dire le besoin imaginaire et fictif engendré par la peur de manquer de pain, occasionne des effets presque aussi terribles que le besoin réel et effectif produit par une faim véritable. Le second cas est celui où le pouvoir exécutif est lié avec les deux autres corps de l'Etat d'une amitié assez intime (ce qu'on n'a point encore vu et ce que malheureusement on ne verra peut-être jamais) pour leur donner communication d'un plan de campagne. Hors ces deux cas, il est évident que ce serait vouloir affliger ou avilir, de gaieté de cœur, une nation, que d'autoriser *constitutionnellement* ses représentans à avoir pour elle des *secrets*.

ART. 21, 22, 23, 24, 25. « L'Empereur peut « proroger et dissoudre la Chambre des repré- « sentans, etc. etc. etc. »

Observations. On a peine à concevoir comment messieurs les rédacteurs de ces articles n'ont pas frémi en les écrivant : peut-être, nous dirontils, qu'ils sont absolument conformes, soit aux senatus-consultes et lois *organiques* qui ont régi et gouverné la France pendant une quinzaine d'années ; soit à l'article 10 du projet constitutionnel décrété par le Sénat, le 6 avril 1814 ; soit enfin à l'article 50 de l'ordonnance royale du 4 juin dernier ; mais nous leur répondrons, avec vingt-cinq millions de Français, que c'est précisément parce que des lois aussi déplorables ont fait pendant quinze ans le malheur de l'Empire et celui de Napoléon lui-même, qu'au lieu de dire dans leur *acte additionnel*, articles 2, 21 et 23, que *le pouvoir législatif est exercé par l'Empereur*, etc.

que *le gouvernement a la proposition de la loi et qu'il peut proroger, ajourner et dissoudre la Chambre des représentans*, ils auraient dû décréter au contraire : 1° que le pouvoir législatif est exclusivement chargé de la rédaction des lois; 2° que le pouvoir exécutif est exclusivement chargé de les promulguer et d'en assurer l'exécution ; 3° enfin, que le pouvoir censorial ou *pairial* est exclusivement chargé de veiller à ce qu'il ne soit porté aucune attente au Pacte social, et qu'en outre, le Corps législatif et le pouvoir exécutif ne puissent, dans aucun cas, et sous aucun prétexte, empiéter sur leurs droits, priviléges et attributions respectives.

Art. 27. « Les colléges électoraux (2) de département et d'arrondissement sont maintenus conformément au sénatus-consulte du 6 thermidor an 10, sauf les modifications qui suivent. »

Observations. Buonaparte, ses ministres et ses conseillers d'état n'ayant cessé, depuis le 1ᵉʳ mars jusqu'au 21 avril inclusivement, de proclamer les grands principes de *la souveraineté du peuple, de l'égalité et de liberté*, et de promettre aux Français, dans les termes les plus solennels, que « les lois de l'Assemblée constituante et la constitution de 1791 seraient remises en vigueur, » certes il est bien étonnant (pour ne pas dire plus) que messieurs les rédacteurs du projet de l'*Acte additionnel aux Constitutions de l'Empire*, aient de toute nécessité ou perdu jusqu'au souvenir des proclamations, arrêtés et réponses excessivement libérales des premiers corps de l'Etat, ou poussé l'oubli de tous les principes, de tous les devoirs et de toutes les convenances, jusqu'à ordonner et décréter constitutionnellement que *les colléges électoraux de département et d'arrondissement sont* maintenus *conformément* à d'anciennes lois *organiques*, dont, en bonne morale, en bonne justice et en bonne politique, on devrait *essayer* bien plutôt de faire perdre le souvenir.

ART. 51. « L'Empereur nomme tous les « juges. »

Observations. Quoique les décrets de l'Assemblée constituante, les promesses de l'Empereur et nos observations précédentes ne puissent laisser aucun doute sur le droit incontestable qu'à le souverain, c'est-à-dire la nation, de nommer ses juges et tous les autres fonctionnaires de l'Etat, nous ne pouvons nous refuser au plaisir de rappeler à nos lecteurs ce que Montesquieu a dit à ce sujet dans son *Esprit des lois*, liv. II, chap. II. «Le peuple est admirable, (ce sont les propres expressions de l'auteur) « pour choisir ceux à qui il doit confier quelque

« partie de son autorité : il n'a à se déterminer
« que par des choses qu'il ne peut ignorer, et des
« faits qui tombent sous le sens ; il sait très-bien
« qu'un *juge* est assidu, que beaucoup de gens
« se retirent de son tribunal contens de lui ;
« qu'on ne l'a point convaincu de corruption ;
« en voilà assez pour qu'il élise un prêteur ; il a
« été frappé de la magnificence ou des richesses
« d'un citoyen, cela suffit pour qu'il puisse
« choisir un édile. Tous ces choses sont des faits
« dont il s'instruit beaucoup mieux sur la place
« publique qu'*un Monarque dans son palais.* »

Que messieurs les rédacteurs de l'*acte additionnel aux Constitutions de l'Empire*, réfléchissent sur ce passage, et ils ne tarderont pas sans doute, à abjurer les erreurs qu'ils ont commises, pourvu toutefois, qu'elles ne soient pas fondées sur des motifs qu'il ne nous appartient pas de chercher à approfondir, mais qui n'échapperont pas, je l'espère, au génie lumineux, vaste et profond de l'Empereur des Français.

Sire, en m'exprimant ainsi, je ne me dissimule pas que je m'expose à l'animadversion de messieurs les rédacteurs de l'Acte additionnel aux constitutions de l'Empire, qui, dans l'espoir de me rendre odieux à votre majesté, lui diront peut-être : « Quoi ! Sire, vous souffrez qu'un de
« vos *sujets* se permette de censurer un projet de

« constitution au bas duquel se trouve votre
« signature et celle de votre secrétaire d'état ?
« De quel droit ce téméraire ou plutôt ce vieux
« radoteur vient-il presser les argumens avec un
« législateur tel que votre majesté et des hommes
« d'Etat aussi savans que nous? Que parle-t-il
« de maximes, de vertus et de principes (*à*
« *la Montesquieu*), comme si les *principes*
« de tout gouvernement n'étaient pas dans l'in-
« térêt du monarque, comme si les vertus du
« chef et des peuples n'étaient pas la subordina-
« tion dans ceux-ci et l'autorité dans les au-
« tres ? »

Quel langage ! Ah ! Sire, c'est à vous qu'il
appartient d'y répondre et de terraser mes dé-
nonciateurs ; vous, Sire, qui, dans toutes vos
proclamations, vos décrets et vos réponses, n'a-
vez cessé, depuis le 1er mars, de promettre aux
Français que le pacte social et les lois de l'Assemblée constituante seraient incessamment *re-
mis en vigueur*. Vous qui, le 27 mars, avez
donné une nouvelle preuve de votre inviolable
attachement aux Français en disant en propres
termes à vos ministres : « Tout pour la nation et
« tout pour la France, voilà ma devise ; » vous,
Sire, qui, en adressant le même jour la parole au
tribunal de Cassation, avez rendu un hommage
éclatant, authentique et solennel, à ce principe
incontestable que « les rois n'existaient que pour

les peuples; » vous enfin, Sire, qui avez poussé le républicanisme (permettez-moi cette expression) jusqu'à dire encore le même jour à la Chambre des comptes, autant que je puis croire, que « les « princes ne sont que les premiers *citoyens* de « l'Etat; et que si les pouvoirs qu'ils exercent « sont héréditaires, ce n'est absolument que « parce que l'intérêt des citoyens l'exige. » Ah ! Sire; oui déjà je jouis par anticipation, du plaisir et du bonheur de vous entendre dire à mes puissans et redoutables adversaires que, conformément à mes *observations*, votre majesté va sur-le-champ rayer et biffer de sa propre main, les articles de l'*Acte additionnel*, etc. sur lesquels je viens de jeter un *coup-d'œil* impartial. Ah! Sire, puissiez-vous, pour prix d'une rétractation aussi magnanime, goûter long-temps les fruits que produira ce bel et sublime exemple, fait, à tous égards, pour servir de leçon à tous les Monarques de la terre, vous couvrir, dès aujourd'hui, d'une gloire immortelle, et assurer pour jamais le bonheur de la France.

NOTES.

(1) En convenant des torts de Buonaparte, la justice et la vérité nous font un devoir impérieux de proclamer que les fautes infiniment graves qu'il a commises depuis son avènement au consulat, jusqu'à sa malheureuse expédition de Moscou, sont bien moins son ouvrage que celui des premiers fonctionnaires de l'état ; la justice et la vérité nous ordonnent également de répéter et de proclamer à sa louange, 1° qu'il n'a jamais existé de mortel plus *extraordinaire* que lui, sous les rapports de la pénétration, de la sagacité, de la présence d'esprit, du sang-froid, de l'audace, de la valeur et de l'héroïsme ; 2° que le 18 brumaire an VIII, il a contribué puissamment, et plus que personne, au salut de la France qui, pour lors, était à deux doigts de sa perte ; 3° que, depuis cette époque, il a fait une multitude innombrable d'établissemens plus utiles et plus beaux les uns que les autres ; 4° que sans les rigueurs excessives d'un froid inattendu que lui et ses braves frères d'armes ont trop malheureusement éprouvé à Moscou, les plus puissans monarques de l'Europe ne seraient encore aujourd'hui que les très-petits vassaux de son vaste Empire ; 5° que l'abdication héroïque et sublime qu'il a faite momentanément de sa couronne, a été bien moins l'effet des hasards malheureux de la guerre, que celui de l'ingratitude et de la perfidie de quelques puissans conspirateurs justement exécrés, et dont les noms infâmes ne souilleront pas cet écrit ; 6° que l'empereur Alexandre en a été si bien persuadé, qu'ayant entendu dire l'année dernière, que Buonaparte était mort à l'île d'Elbe, d'une fluxion de poitrine (ainsi que la nouvelle s'en était répandue), ce Monarque philantrope et magnanime n'avait pu s'empêcher de répandre des larmes qui l'honorent, et de dire aux têtes couronnées, au sujet de son illustre captif qu'il croyait dans la tombe :

« Il avait des défauts ; mais quoi qu'il en puisse être,
« Il était un grand homme, et c'était notre maître. »

7° enfin que si les monarques de l'Europe se décident effectivement à lui faire la guerre, ce ne sera certainement pas, ainsi que nous l'avons fait observer dans nos *Questions à l'ordre du jour,* « par un excès de belle tendresse pour Louis-Stanis-

« las-Xavier, leur cousin *légitime*, mais par ambition, par
« despotisme et sur-tout par la frayeur épouvantable que leur
« a causée pendant vingt-trois ans consécutifs, et que pourrait
« fort bien leur inspirer encore aujourd'hui, le conquérant le
« plus hardi, le vainqueur le plus généreux et le mortel le
« plus étonnant qui ait existé depuis que le monde est monde. »

(2) Nous sommes intimement convaincus, ou du moins nous nous plaisons à croire, qu'en général MM. les électeurs sont pourvus d'une dose de mérite égale à celle de la fortune et des honneurs dont ils jouissent; mais en eussent-ils mille fois plus encore que nous voulons bien leur en supposer; comment, de quel droit et à quel titre oseraient-ils se rendre aujourd'hui *en Champ de mai*, pour y accepter, au nom du peuple français (qui certes ne lui a donné et ne lui donnera aucuns pouvoirs à cet effet), un *Acte additionnel aux constitutions de l'Empire*, cent fois plus déplorable encore, s'il est possible, que les prétendues Constitutions dont l'ignorance, la faiblesse, la peur, l'ingratitude, la perfidie, la trahison et le *défaut de mémoire* nous ont *gratifiés* les 6 avril et 4 juin 1814?

M. G. F., auteur d'une nouvelle brochure intitulée : *Observations sur le gouvernement actuel et sur la proclamation de Napoléon au peuple français, du 1er mars 1815; de la convocation des colléges électoraux au Champ de mai;* s'étant expliqué, à ce sujet, d'une manière lumineuse et profonde, qui certes ne laisse rien à désirer, nous nous bornerons, dans cette petite *note*, aux deux seules observations que voici : La première est qu'au lieu d'avoir annoncé cette *convocation* le 1er mars, et de s'être *étayé*, le 22 avril suivant, du sénatus-consulte du 6 thermidor an 10, pour décréter constitutionnellement que les corps électoraux sont *conservés*; Napoléon aurait dû, depuis le 20 mars, jour de son arrivée aux Tuileries et de sa réintégration sur le trône, rendre un décret juste et *effroyable* en même temps pour tous les rois de l'*aquilon* et de l'*aurore*(*), portant *convocation des assemblées primaires et électorales* (pour le 1er avril présent mois), à l'effet, par la nation *souverainement* réunie, de nommer à toutes les places de l'Empire. La seconde, que

(*) Expressions nouvelles et très-ingénieuses sans doute, puisqu'elles ont été inventées depuis peu par M. de Bonald, auteur d'une brochure intitulée : *Réflexions sur l'intérêt général de l'Europe.*

M. G. F. a eu le plus grand tort de faire précéder ses excellentes réflexions sur la *convocation* des électeurs *en champ de mai*, de l'extrait d'un ouvrage très-bien écrit sans doute, mais qui ne nous en a pas moins fait pitié, lorsque nous y avons lu certains passages où les auteurs décident du ton le plus dogmatique, que « le gouvernement de Napoléon « a été *légitimement* renversé, puisqu'en proclamant son « renversement, le sénat et le Corps législatif n'ont été que « l'organe de *la nation*; que si la charte a été repoussée par « l'opinion publique, ceux qui l'ont défendue, tels que « MM. Languinais, Flaugergues, Bedoch et Benjamin de « Constant, ne sont plus que les complices d'un tyran, que « des suppôts du despotisme; que l'expulsion des Bourbons « ne peut pas donner naissance à des droits en faveur d'*un* « *autre*, et avec d'autant plus de raison que c'est un mou- « vement de troupes, approuvé ou non par le vœu secret des « citoyens, qui a forcé les Bourbons à sortir de France; qu'*on* « dit que depuis le commencement de son règne jusqu'à la « fin, Louis XVIII n'a cessé d'être un usurpateur, etc. etc. »

Comme il n'y a que des ignorans ou des sots qui aient pu tenir un pareil langage, et qu'il faudrait être aussi *sot* et aussi *ignorant* que ceux qui *paraissent* l'avoir tenu; pour en démontrer l'ineptie ou la fausseté, il nous suffira sans doute de faire observer que si le Monarque le plus instruit, le plus juste, le plus populaire et le plus sensible (*) de l'Europe, a été *forcé de sortir de France*, c'est 1° parce que MM. de Montesquiou, Blacas d'Aulps et autres individus de leur trempe ont *constamment* surpris et trompé sa religion, depuis le 10 mai 1814 jusqu'au 20 mars 1815, époque de sa fuite nocturne et précipitée; 2° parce que plusieurs députés des départemens et quelques pairs de France ont, par un excès de sensibilité qui honore plus leur cœur que leur esprit, inspiré les plus vives alarmes tant aux acquéreurs de biens nationaux qu'aux membres de la Légion d'honneur, criblés presque tous d'honorables et glorieuses blessures.

Telles sont, ô mes concitoyens, je vous l'atteste au nom de la vérité, les principales et peut-être les seules causes

---

(*) *Voyez* les proclamations *libérales, affectueuses* et *paternelles* de Louis XVIII, des 1er janvier, 3 et 9 mai 1814, dont MM. Montesquiou, Blacas d'Aulps et Mgr. le prince de Bénévent (avec tout son génie) seraient incapables de rédiger, je ne dirai pas une *seule* phrase, mais une *seule* ligne, un *seul* mot, une *seule* syllabe.

de l'*expulsion* de Louis XVIII et de la chute de son gouvernement. Si des écrivains osent se permettre de vous dire aujourd'hui que Louis-Stanislas-Xavier serait encore sur le trône sans *un mouvement de troupes, approuvé ou non par le vœu secret des citoyens*, sachez, à n'en pouvoir douter, qu'à l'exemple de MM. Ch..........., La......., Be...., Bo.... et autres chevaliers des ordres de la *girouette* et de l'*éteignoir*, ces *vacillans* auteurs ne pensent pas un mot de ce qu'ils écrivent, ou qu'ils n'écrivent pas un mot de ce qu'ils pensent.

FIN.

SUPPLÉMENT.

OBSERVATION PRÉLIMINAIRE.

Exclusivement occupés des moyens de rendre *enfin* la France libre, heureuse et florissante, nous avons *rêvé*, dans la nuit du 24 au 25 de ce mois, que nous avions la gloire d'être Empereur des Français, et que l'incorruptible Vérité nous était apparu pour nous dire : « Tu dors, Napo-
« léon, et les ennemis sont aux portes de ton
« Empire ! Réveille-toi, et apprends que le seul
« moyen d'être chéri plus que jamais des trente-
« trois millions de citoyens qui le composent,
« et leur faire faire de nouveaux prodiges de
« valeur qui porteront l'épouvante dans l'ame de
« tes ennemis, est de promulguer aussitôt le
« décret que je vais te dicter, d'en adresser à
« chaque préfet autant d'exemplaires qu'il y a de
« communes dans son ressort, et de lui enjoindre
« de faire remettre le jour même, en toute dili-
« gence, un de ces exemplaires à chaque maire,
« qui sera tenu de le proclamer à l'instant de sa
« réception, avec toute la solennité imaginable,
« pour qu'aucun citoyen ne puisse en prétendre
« cause d'ignorance. »

PROJET

D'un décret calque sur les Proclamations, Déclarations et Réponses de Napoléon, empereur des Français.

Paris, 25 avril 1813.

Considérant qu'il a plu à la Providence de nous réintégrer sur un trône qui, depuis le 1ᵉʳ décembre 1806, nous a été *unanimement* déféré par l'amour du peuple français, l'intérêt général des nations et le vœu de tous les Monarques de l'Europe ;

Considérant que depuis le 1ᵉʳ mars 1815 jusqu'au 21 de ce mois inclusivement, nous avons toujours promis que « les lois de l'Assemblée « constituante seraient remises en vigueur ; »

Considérant que ces lois « délèguent *exclusi-* « *vement* au Corps législatif les pouvoirs de pro- « poser les lois, et que le Roi peut seulement « inviter le Corps législatif à prendre un objet « en considération (article Iᵉʳ de la section 1ʳᵉ du « chapitre 3 de la *Constitution française, décrétée* « *par l'Assemblée nationale constituante, aux* « *années* 1789, 1790 et 1791); »

Considérant qu'aux termes de ce *vrai* Pacte so- « cial, le Roi est le chef suprême de l'Etat, et qu'à

« ce titre, il veille au maintien de l'ordre et de la
« tranquillité publique, ainsi qu'à la sûreté du
« royaume; qu'il commande les armées de terre
« et de mer, et qu'en outre, il est chargé de faire
« sceller les lois de l'Etat et de les faire promul-
« guer (article Ier du chapite 4; et 1, 2, 3, 4, 5,
« 6 de la section 1re *de la promulgation des*
« *lois*); »

Considérant que « les assemblées primaires et
« électorales nomment à toutes les places géné-
« ralement quelconques de l'Etat, à l'exception
« toutefois de celles de ministres, d'ambassa-
« deurs, de généraux et autres, expliquées et
« détaillées dans les articles 1, 2, 3 et 4 du
« chap. 4 *de l'exercice du pouvoir exécutif;*

Considérant que les articles 1, 2, 3, 4, 5, 6,
13, 17, 18, 19, 20, 21, 22, 23, 24, 25, 26, 27,
28, 29, 30, 34, 35, 36, 37, 50 et 51 de notre
acte additionnel aux Constitutions de l'Empire,
du 22 de ce mois, et notre décret impérial du
même jour sont absolument et diamétralement
opposés aux articles précédemment indiqués, de
la Constitution de 1791;

Considérant que le plus beau et le plus glorieux
des droits que puisse exercer un Monarque, est
de réformer les erreurs qu'il a pu commettre
involontairement, ou par l'effet d'une surprise
faite à sa religion;

Considérant que si, d'après les promesses que

nous avons faites et rétitérées maintes et maintes fois de *remettre en vigueur* les lois de l'Assemblée constituante, nous persistions à vouloir que nos décrets du 22 de ce mois sortissent leur plein et entier effet, nous marcherions *exactement* sur les traces de Louis-Stanislas-Xavier qui, après avoir promis le 3 mai, d'*admettre et d'adopter* une Constitution libérale et sagement combinée, a, pour son malheur, jugé à propos, le 4 juin suivant, de *concéder* et d'*octroyer* à ses SUJETS, une charte constitutionnelle, on ne peut pas plus détestable, et que nous regardons, à juste titre, avec les Français et tous les peuples de l'Europe, comme une des principales causes de sa chute et de notre réintégration sur le trône;

Considérant que si nous étions assez peu délicats ou assez téméraires pour vouloir nous *imiter nous-mêmes* (ainsi que nous l'a fait observer M. Rey, président du tribunal de première Instance de Rumilly); c'est-à-dire pour manquer à notre parole et trahir une seconde fois nos sermens (*), les Français, tout patiens qu'ils puissent être et qu'ils soient en effet, finiraient in-

---

(*) Les 18 et 19 brumaire an VIII, Buonaparte et les législateurs ou représentans la nation à cette époque, promirent de « *garantir et consacrer inviolablement la* SOUVERAINETÉ DU PEUPLE, *la liberté, l'égalité*, etc. ; l'ont-ils fait ?

dubitablement par nous faire subir le trop juste sort auquel doit s'attendre tout monarque faux, hypocrite et parjure;

Considérant que nos décrets du 22 de ce mois, ont dû *nécessairement* nous aliéner le cœur des Français, et réjouir en même temps celui des monarques de l'Europe;

Considérant enfin que vingt-six ans d'expérience et vingt-trois ans de malheur, ne nous ont que trop appris et convaincus que les mots *souveraineté du peuple, loi, patrie, liberté, égalité, sûreté, propriété* ne seront toujours que des êtres de raison, c'est-à-dire de vains fantômes et de pures chimères, tant qu'au pouvoir législatif et au pouvoir exécutif, il ne sera pas *constitutionnellement* ajouté un troisième pouvoir spécialement et *exclusivement* chargé de veiller, d'une part, à ce que dans aucun cas et sous aucun prétexte, il ne soit porté la moindre atteinte à la Constitution et aux lois de l'Etat; et de l'autre, à ce que les pouvoirs législatif et exécutif ne puissent empiéter sur leurs droits, priviléges et attributions respectifs.

Arrêtons, ordonnons et décrétons *provisoirement* ce qui suit :

ART. PREMIER. L'Acte additionnel aux Constitutions de l'Empire, du 22 de ce mois, et notre décret impérial du même jour, sont regardés comme nuls et non avenus.

Art. 2. Les assemblées primaires, électorales et législatives sont rétablies dans leur pleine et entière intégrité.

Art. 3. L'ouverture et la tenue de ces assemblées se feront conformément à ce qui est prescrit par les articles 1, 2, 3, 4, 5 du ch. 1er de la 1re section; 1, 2, 3, 4, 5, 6, 7 de la 2e; 1, 2, 3, 4, 5, 6, 7 de la 3e; 1, 2, 3, 4, 5 de la 4e; 1, 2, 3, 4, 5, 6, 7, 8 de la 5e et dernière section.

Art. 4. A dater du 10 mai prochain, pour le plus tard, les assemblées primaires et électorales nommeront à toutes les places de l'Empire, même à celles de nos conseillers d'état, réduits au nombre de vingt.

Art. 5. Les assemblées primaires se formeront de *plein droit*, le 10 mai prochain, et même plutôt s'il est possible, et se conformeront à ce qui leur est prescrit par les articles précités.

Art. 6. Les assemblées électorales s'ouvriront également de *plein droit*, le 20 mai, pour le plus tard, en observant les formes indiquées et prescrites par les articles ci-dessus.

Art. 7. Les mandataires ou représentans du peuple nommés par la nation, et *exclusivement* chargés par elle de proposer et décréter les lois, se réuniront de *plein droit*, le 1er juin, à Paris, et y tiendront leurs séances au palais du Corps législatif, en se conformant à ce qui est ordonné par les articles précédemment indiqués, quant à ce qui les concerne.

Art. 8. Indépendamment du pouvoir législatif et du pouvoir exécutif, il est établi un troisième corps appelé *censorial*, dont les membres réduits et fixés au nombre de celui des départemens, seront nommés, ainsi que les membres du Corps législatif, par les assemblées électorales.

Art. 9. Les membres du corps *censorial* se livreront *exclusivement* à l'exercice des fonctions que nous avons indiquées dans notre dernier considérant.

FIN.

64

www.ingramcontent.com/pod-product-compliance
Lightning Source LLC
Chambersburg PA
CBHW061003050426
42453CB00009B/1242